흩어지면 더 빛나는 것들

리토피아포에지 · 136
흩어지면 더 빛나는 것들

인쇄 2022. 10. 5 발행 2022. 10. 10
지은이 최서연 펴낸이 정기옥
펴낸곳 리토피아
출판등록 2006. 6. 15. 제2006-12호
주소 21315 인천광역시 부평구 평천로255번길 13, 부평테크노파크IM2 903호
전화 032-883-5356 전송032-891-5356
홈페이지 www.litopia21.com 전자우편 litopia999@naver.com

ISBN-978-89-6412-171-9 03810

값 9,000원

* 이 책은 전라남도 문화재단의 후원을 받아 발간되었습니다.
* 이 책의 판권은 지은이와 리토피아에 있습니다.
* 잘못 만들어진 책은 바꿔드립니다.

최서연 시집

흩어지면 더 빛나는 것들

시인의 말

가끔씩 쓴다.
그냥 쓴다.
몇 편이 모였다.

이에, 창작지원금의 도움으로
이 책을 엮는다

2022년 여름 어느 날에
최 서 연

차례

제1부

3월	15
가을 속의 가을	16
기부	17
꼴랑꼴랑	18
난	20
남편의 화분	22
꽃 묘비	24
눈물이 꽃밥을 짓네	25
단풍나무숲에서·1	26
단풍나무숲에서·2	27
당골식당	28
이름을 묻다	30
덜덜이	32
남편	34
거미집	35

제2부

들녘에 서서	39
먼 산에 벚이 보이네	40
모든 배경은 시다	41
보청기를 맞추며	42
불자 시인	43
사과밭을 걷고 싶은 여자	44
사진 한 장	46
시 하나 써질까	47
소금이 빚은 푸른 눈 – 짤츠캄머굿	48
시계·1	50
시계·2	51
시를 쓰면서	52
시와 반려견	53
우리 엄마	54
봄을 배우는 중입니다	56
신발화분	57
이것이면 된다·2	58

제3부

씀바귀꽃	61
여름에 누워	62
아침이슬	63
넝쿨장미	64
여행	65
이팝나무 아래에서 – 길고양이를 보내며	66
천문시계	68
까를교	70
토끼풀 틈에	72
폭염	73
풀꽃문학관	74
풍월을 읊다	75
힐링	76
그 초록의 여자	78
꽃잎은 떨어져서 기도한다	79
지음원知音園	80
빗방울꽃	81

제4부

　프라하 야경　　　　　　　　　　　　85
　하안거　　　　　　　　　　　　　　86
　흩어지면 더 빛나는 것들　　　　　　87
　한쪽으로 – 순천만에서　　　　　　　88
　햇살과 그늘　　　　　　　　　　　　89
　갠지즈강으로 가는 길에　　　　　　90
　벽　　　　　　　　　　　　　　　　91
　포로　　　　　　　　　　　　　　　92
　아파트 차단기　　　　　　　　　　　93
　동안에　　　　　　　　　　　　　　94
　이름 하나 불러주면　　　　　　　　95
　어느 봄날의 빈 잔　　　　　　　　　96
　소엽풍란　　　　　　　　　　　　　97
　공　　　　　　　　　　　　　　　　98
　창작지원금　　　　　　　　　　　　99

해설 | 백인덕 편재遍在와 회귀回歸의 시학　　101
— 최서연의 시세계

| 제1부 |

3월

우수가 지나고
경칩,

강아지 킁킁한 자리가
궁금한
햇살, 바람,

며칠 놀다 가더니

봄까치꽃, 민들레, 냉이,
옹알이한다.

가을 속의 가을

푸른 사과가 익어간다.
나뭇잎이 발등을 덮는다.

햇살과 바람과
빗방울을 덜어내는 몸짓이리라.

나는 여름에 땀 배인 음절을
문장 같은 빨랫줄에 말리며,

사과알 몇 개
나뭇잎 몇 장 주워,

행간과 행간 사이에
이미지, 상징, 직유, 은유를 건다.

기부

길고양이 집이 월식月蝕처럼 있다.

거미줄이 문이지만
풀냄새, 새소리,
무언가 조그마한 것들이 기어다닌다.

처음엔 얼룩백이 한 마리였는데
굴뚝과 잿더미에서 사는가 싶은
검정이와 잿빛도 밥때쯤이면 눈을 마주한다.

한 달 밥값 30,000원
간식 20,000원
진드기 살충제 5,000원.

반려견 두 마리와 사는 나는
이 또한 기부라며
어쭙잖은 침을 삼킨다.

꼴랑꼴랑*

시집 낸다고
광대꽃, 봄까치꽃을 뻥튀기로 날아다니는데
겨울숲에서 빠져나온 목련
시詩 자字를 써보라 한다.

갸웃거리며 쓰는데
언言이 마馬가 되어 도망가고
사寺는 촌寸이 되다 뭉개지고
좀처럼 씌어지지 않는다.

꿈이었으면
꿈이었으면
끈적이는 혓바닥으로
마馬와 촌寸을 되뇌니,

딱딱하게 쪼그려 앉은 개똥이
혀를 차며

내 그럴 줄 알았다.

* 꼴랑꼴랑 : 착 달라붙지 아니하고 들떠서 부풀어 달싹거리는 모양.

난[*]

바하이사원[*]에서
숟가락질 오가는 식구와
그믐달처럼 오가는 길고양이 안부를 빌고 나오니,
지푸라기조차 먹지 못한 아이가
손가락을 자기 입에 댔다 떼었다 한다.
가방에서 사탕 하나를 꺼내주니
온 얼굴이 하얀 이빨이다.
먹구름 삼킨 듯 바라보는데
소나기 왔다 가는 마음을 알아챘을까?
불쌍하게 생각하지 말라는
가이드의 먼 우레 치는 말을 듣는 중,
가로수 밑에 연蓮처럼 놓여있는 난을 본다.
흐린 안경을 닦으면서
내 보고 듣는 몸짓이
보시하는 난이었으면 하는 그날 이후
난의 살점이 되는 꿈을 꾸곤 한다.

* 난 : 탄두리에 구워낸 인도 전통 빵.
* 바하이사원 : 인도 델리에 있는 사원으로 연꽃사원이라고도 함.

남편의 화분

미지근한 햇살이 기어 다니는
귀 떨어진 2월
남편이 배냇냄새 나는 사과나무를 사 온다.

사그랑이 같은 나
하품을 하며 흘금거리는데,
애기사과나무와 이야기 나누는 소리가
묵어가는 내 몸을 깨운다.

바람이 나비가 될 거라며
창문을 열어주고,
그림자 길이에 따라
반달처럼 구부린 모습을 본다.

눈이 맑아지는 건
두 번 사는 거겠지.
단단한 곳에서 새순이 돋는 화분으로

보릿자루 같은 집,

고물고물 숨 고르기 한다.

꽃 묘비

골다공증 앓고 있는 화분대에
놓여있는 화분,
봉분 없는 무덤이다.

라벤더 애플민트 레더지아
율마 화월금 넝쿨가가미
우주목 호랑이발톱 와송.

두 손 모은
하얀 묘비명이
천사처럼 세워져 있다.

젖 빨 듯 밀어 올렸던 꽃대를
하늘은 기억하는지
흰 구름 몇 조각 머물고 있다.

눈물이 꽃밥을 짓네

벚꽃이 왔다기에
속날개 부풀은 벌 나비로 훨훨 나가네.

고봉 같은 꽃송이,
가까워졌다 멀어지더니
아버지 손잡은 흑백 풍경이 걸어오네.

눈동자에 꽃이 한참 피고 있는
단발머리 아이
비벼보니, 그 봄날의 나이네.

눈물이 꽃밥을 짓네.

내일은 아버지 띠에
할미꽃 한 포기 심어놓아야겠네.

단풍나무숲에서 · 1

햇살의 허물이 흩어진
단풍나무숲을 걸어갑니다.

등을 바라보다
등을 안고 누운 단풍에 숭숭한 마음을 얹어봅니다.

잘 물들고 사는 게
어떤 것이냐 묻습니다.

대답은 없고
뒷바람을 맞아 춤사위를 펼칩니다.

흔적 진 가지마다
써 내려간 흘림체, 글자 없는 문장입니다.

단풍나무숲에서 · 2

당신의 때 묻은 책 속에 잠들고 싶다고,
흘러내리는 붉은 목소리,

아찔하다.

당골식당

전남 구례군 산동면 당골길
나뭇가지 같은 산길 따라 오르면,
홰를 편 그림이 맞이하는
닭구이 식당이 있다.

부정교합 같은 담장
담쟁이 기어가는 자리마다 실핏줄이 붉고,
비탈진 벽화엔
단오풍정* 여인들이 그네를 탄다.

벽에서 웃음소리 나는
여기에선
육계가 산닭인 세상이지만
가짜도 진짜다.

개망초가 쑥부쟁이에게
자리를 내어주는

보랏빛 익어가는 당골식당
감나무마다 햇살이 둥지를 틀고 있다.

* 단오풍정 : 혜원 신윤복의 그림.

이름을 묻다

더듬이처럼 긴 초록숲길을 걷는다.

귀밑머리 간질이는 바람 따라
손톱 만한 잎들을 보는데
발등을 한 뼘 기어오른 이름 모를 꽃

옆에 있는 키 큰 개망초에게
이름을 묻는다.

검지를 이마에 대고 한참 허리를 흔들더니
첫 자라며 '개'만 가르쳐 준다
아마, 이름 하나 알려면 관심을 더 가지라고.

꽃잎,
수술과 암술,
긴 줄기 따라 마주보는 잎을 되뇌어본다.
〉

푸른 초저녁 하늘, 능선 따라 온 꽃
나는 속삭이듯
그를 개별꽃이라 부른다.

덜덜이*

명예퇴직을 해도
30여 년의 습관을 버리지 못해
아침이면 시간에 맞춰 헬스를 나간다.

근력을 키우기보다
유산소운동 위주로 하는 나는
산소운동과 관계없는 덜덜이로 올라간다.

무릎을 엉거주춤 구부린 듯한 기구로
숨을 멈추고 오르면
탈곡기처럼 몸을 털어준다.

일명 체지방분해기라고도 부르지만,
나는 지방을 분해하기보다
어긋나고 삐걱거리는 내 몸의 독소가 털렸으면 한다.

오늘도

잘 맞추어진 하루로 쓰이기를 빌어본다.

* 덜덜이 : 헬스기구로 체지방분해기라고 한다.

남편

 세상의 출근길을 잃고 희끗한 나이가 민둥민둥해지는 남편. 아침 여덟 시 호수공원 십리 길 다녀왔다. 솜사탕 뭉글뭉글 하늘을 떠다니는 날. 아이 나비무동 태우던 소실점 같은 추억 어금니에 꽉 물고 구순 맞이하는 어버이를 찾아간다. 세월이 머리털 사이로 빠져나가 홀렁해진 남편. 발그레한 물빛 반짝거리는 꽃바구니 앞에 돌 아이 발을 떼듯 앞발을 떨어뜨린다. 이 바구니 들고 꽃의 얼굴 보고 저 바구니 들고 꽃대를 세어보며 바람개비 같은 꽃에서 한동안 눈을 떼지 못한다. 푸르죽죽한 검버섯, 훈장처럼 걸려 있지만 돌잡이 하듯 꽃을 고르는 요철 같은 등을 보며 그지없이 궁금했던 하늘夫이 하늘보다 높은지 가녀린 지아비의 어깨 애틋하다.

거미집

쪽빛 들여놓은
안팎이 없는,

여기,

햇살도 살고,
이슬도 살고,

| 제2부 |

들녘에 서서

일찍이 모를 심었는데
도둑 같은 피가 더 잘 자라
소여물도 못 되는 지푸라기 되었다.

더위를 되새김질하던
참깨꽃대는
쭉정이 털어놓고
모가지 부러져 불쏘시개 되었다.

텅 빈 들녘의 한숨은
새들이 다 먹었을까
맴도는 부리가 유독 까만
오늘,

흙살 품은 몇 톨의 씨앗
잎망울 자루에 넣고
숨 한 번 훅 불어 넣는다.

먼 산에 벚이 보이네

먼 산에 벚*이 보이네.

벚이 산에 있네
산은 벚을 얻어 좋네

벚은 산이 있어 그 이름이 피네.

그대는 아는가

저 산이 저기에 있어
벚이, 벚이 되는 것을.

* 벚 : 벚나무꽃.

모든 배경은 시다

산 앞에 나무
나무 앞에 개천
개천 앞에 달맞이꽃
달맞이꽃 앞에
팽팽한 햇살을 튕겨 오르는 까치 소리
팽팽한 햇살을 튕겨 오르는 까치 소리 앞에
사각유리창
사각유리창 앞에
달항아리와 화분
달항아리와 화분 앞에
책상, 연필, 원고지
책상, 연필, 원고지 앞에 나
나 앞에
쓰다가 죽으라던 말라르메의
숨 쉬는 시들,
모처럼 오늘 나는 시로 숨 쉬고 있다.
모든 배경은 시다.

보청기를 맞추며

물이 들어찬 듯
먹먹하더니
보청기 가게를 가네.

잡음 없이 보내는 이해를
오해로 낳으니
내 닿는 길섶
안개만 우글거렸네.

긴 대롱으로 귓속을 본 여주인이
"귓속이 순順하네요" 하며 떠 놓은
달팽이 본을 보며,

이젠,
작은 풀잎에게 갈 길을 묻는
달팽이의 말을 듣자며
귀를 씻겨주네.

불자 시인

불교문예로 등단한
불자 시인이
시 한 편을 보내왔다

귀 뚫린 이후 처음 듣는
'화안시'* 시제는
환하게 웃는 보시란다.

시에 숨구멍이 있네.
체온이 꽃대처럼 오르네 하며
귀 넓어지는 우리는

뜨겁고, 길고, 아득한, 송광사 가는 길이
만공이라며
입안이 달빛으로 가득 찹니다.

사과밭을 걷고 싶은 여자

엉덩이가 밀반죽처럼 퍼진
그 여자
등산 갈 때도
해외여행 갈 때도 치마를 입는다.

사과를 바라보며
바지 입어 보겠다고
당나귀 뒷발질하더니
엉덩이 올라갔냐며 까치발 선다.

눈금자처럼 지켜보던 딸
엘리베이터냐?
눈썹 올라가는 말에
방바닥이 뒹그르 구르는,

언제!
사과밭 걸으려나.

숏커트에 파마하지 않은
이순耳順인 그 여자.

사진 한 장

동천 사진 한 장을 본다.

하늘 아래 산
산 아래 벚꽃둑길
벚꽃둑방길 아래 명주실 같은 길
명주실 같은 길 아래 강물.

강물 아래엔 명주실 같은 길
명주실 같은 길 아래 벚꽃둑길
벚꽃둑길 아래 산
산 아래 하늘.

기타 하나가
물오른 길을 튕기며
벚꽃엔딩*을 물들인다.

* 벚꽃엔딩 : 버스커버스커 가수가 부른 노래.

시 하나 써질까

장미가 담장 흘러내릴 즈음이면
시 하나 써질까.

입술 같은 이파리가
고요로 무성해지면 써질까.

아니, 햇살 모시던 휘추리가 눈꽃 받들 즈음이면
못다 쓴 시 다 쓰겠지.

즈음, 즈음하다
침침한 머릿속, 하루살이 떼처럼 엉클어지네.

우물쭈물하다 나 이렇게 될 줄 알았네*

* 우물쭈물하다 나 이렇게 될 줄 알았네 : 아일랜드 극작가 버나드 쇼의 말.

소금이 빚은 푸른 눈
— 짤츠캄머굿*

소금창고라는 짤츠캄머굿엔
볼프강 호수가 있다.

엘비라마디간*을 저으며
옆구리 같은 호숫가에서
들꽃이 되었다 백조가 되었다
되고 싶은 것은 모두 되뇌어본다.

가을이 몸을 들이민 물빛에
얼굴을 드리우고
내 진짜 얼굴이 잘 물든 나무이기를
잎맥 같은 가슴에 손을 얹는다.

배를 타고
지붕이 조가비처럼 붙은, 할슈타트*로 가며
소금이 빚은 푸른 눈에
마음을 저어본다.

* 짤츠캄머굿 : 짤츠부르크의 남동쪽에 있으며 알프스 호수로 둘러싸여 있다.
* 엘미라마디간 : 모차르트의 피아노협주곡 23번.
* 할슈타트 : 짤츠캄머굿의 진주라 불리는 마을.

시계 · 1

나를 볼 때는 멈춤을 보면서

누구든,

돌아간다, 합니다.

시계 · 2

징검다리를 걷습니다.
물뱀이 한 획을 긋고 지납니다.
비껴갈 수 없는 한 돌 한 돌
걷고 보니, 원입니다.

시를 쓰면서

　난로 파는 가게 앞,
　연통을 몸통 길이에 맞게 잘라 사람을 만들어 놓았다.

　남편의 옆구리를 찌르며 "저 사람 좀 봐, 하늘을 향해 달려가네" 당신은 우주를 돌다 떨어진 행성이라며 눈을 흐린다.

　별똥 구르는 말투이지만 그래도 귀가 환히 열리며 따뜻해지는 건 아내의 낯선 시선을 다 끌어안은 눈빛으로 받아들이기 때문이다.

　나는 무덤덤하고 미지근한 시어詩語로 둘러싸인 가슴을 달무리 만지듯 더듬는다.

　시를 쓰면서 이름 없는 무성한 적막들이 산소리 물소리로 입덧하더니 불완전 연소되는 사람에게서,

　은방울꽃 종소리 듣는다.

시와 반려견

시 쓰는 일이 무덤이라 했던
시인을 생각하며
반려견을 데리고 산책을 나간다.

꼬리를 흔들어
풀냄새 흙냄새를 맡는 것인지,
풀냄새 흙냄새 맡으며
꼬리를 흔드는 것인지,

싸고, 눟고,
쫑긋거리며 늘어진 혀를 보노라면
반려견이 시를 쓰는 것 같아
살구꽃 발자국에 둥글게 몸을 모은다.

시 쓰는 일이 무덤이라 했던
시인을 또 생각하며
너울너울 발자국을 따라간다.

우리 엄마

흰자위만 둥둥 떠도는
요양병원을 다녀와
흑백과 칼라가 섞인 밤입니다

맑은 하늘을 두레박질하시며
장독대 항아리마다
숯 띄워 장꽃을 피워 놓으셨습니다

머리에 쓰신 수건은
집안 곳곳의 숨소리였음을
흰머리 듬성듬성한 이제,
엄마의 잔기침 소리를 듣습니다.

누군가의 햇빛이고
누군가의 그늘이었을 당신,
나의 첫말이 엄~마였듯
나의 마지막 말도 엄마입니다

〉
내일은 영하권 날입니다
서리서리 서리 피는 뒤란에
맨드라미 햇살, 굽이굽이 펼쳐놓겠습니다

봄을 배우는 중입니다

봄은 등燈을 달았습니다.
그 곁에 기대면
어둡고 쓸쓸함이
푸른 햇살로 튀어 오릅니다.

흰 눈을 녹인 매화.
가난한 노인의 익은 밥이 되고,
볼우물에서 피어난 복사꽃은
밥 내미는 발그레한 여인입니다.

꽃밥 보려고
무장다리는 꽃대 바짝 올리고
웅얼웅얼 파밭, 은전 복주머니를
파!!! 터트립니다.

꽃등 아래에서
봄을 배우는 중입니다

신발화분

순천 풍덕초교 놀이터 옆
신발화분이
앞으로나란히 서 있다.

발을 모시느라 만신창이 되었지만
살아온 모습대로
제각각 꽃을 받들고 있다.

모름지기
저 생은 모시고 받드는 것이 전부였으리.

이것이면 된다 · 2

벌건 소주방 앞에
낯빛 잃은 화분
꽁초, 박카스병, 왁자한 침이
장막처럼 둘러있다.

동그랗게 궁리하다
그래!
빗자루 닮은 열 손가락
이것이면 된다.

배추벌레 잡듯 집어내어 주고
허리를 펴는데,
몰아쉬는 촉 하나
내 쪽으로 굽는다.

| 제3부 |

씀바귀꽃

번개처럼 갈라진
벽에
노오란 씀바귀
하나.

천둥이 피웠을까.

여름에 누워

매미 울음이
고요를 물고 날아오르는 한낮,

바람이 마주보는 벤치에 누워
너른한 우듬지를 보니,
귀를 닮은 나뭇잎
하늘을 열었다 닫았다 하고.

이쪽저쪽 은빛 십자로 나는 새
울퉁불퉁 모과 익어가는 소리
그리움이 까맣게 맺힌 분꽃 씨앗.

그늘이 걸어오는 사이에 모여 앉아
서로 다른 어깨를 부비며 살아가는
다붓한 향기를 부채질한다.

능소화 머금고 지워지는 자리에
개밥바라기 뜬 숲이 들어선다.

아침이슬

풀잎에 내리시어

둥글둥글

꽃인 듯, 아닌 듯

꿈인 듯, 아닌 듯

넝쿨장미

봄 한 토막 끼고.

담장을 넘나들다
귀 떨어진.

온 적도,
간 적도 없는, 사랑이라는 숨

여여하다.

여행

내가 다닌 다른 길
내가 먹은 다른 맛
내가 만난 다른 사람을 찾아 나서면,

나와 달라 싸우고
나와 달라 뒷이야기 하고
나와 달라 외면하던,

딱딱해져 응어리진 것들이 봄눈처럼 녹는다.

손가락, 발가락에
문 하나씩 달아놓으니
나와 다른 것은

잎맥이 이어지듯
내가 너로 이어지는 또 하나의 길인 것을.

이팝나무 아래에서
— 길고양이를 보내며

푸른 소반에 밥을 꾹꾹 눌러 담는 이팝나무 아래 헌 신발짝처럼 엎드려 있다. 평생을 지켜주겠다며 콧소리 고명까지 얹어주던 밥그릇, 이제는 더 이상 담지 못하게 되었다.

"평생"이란 말에 염주알 굴리는 눈을 껌∩벅∩껌∩벅 했지. 꼬리를 올렸다 내렸다 하며 밥이 고봉으로 채워지는 날이 더해지면서 뜸 들이던 밥을 먹었지. 배가 불러질수록 발톱은 웅크리며 응달 속으로 들어갔겠지.

평생을 지켜주겠다는 간지러운 말에 너는 헛것을 먹고 헛심을 키우고 헛꿈을 꾼 것이었다.

안반개안半開로 동공을 풀었다 조였다 하는 나비야?˙ 길들인다는 것과 길들여진다는 것은 둘이 아니었다. 세월은 천지를 스치는 나그네˙ 이참에 너도 하나 나도 하나가 되자구나. 이참에 송곳니 갈아보고 마늘 쪽 같은 발톱도 내자구나
〉

명지바람이 구불구불 획을 긋는구나.

  고양이 앉았다 간 자리, 이팝나무꽃 한 술 한 술 떨어진다.
새 길이다.

* 나비야 : 길고양이 이름.
* 세월은 천지를 스치는 나그네 : 이백의 「춘야연도리원서」에서 인용함.

천문시계

프라하 구시청사 건물 앞에 서면
오롤로이라는 천문시계가
빛의 속도로 눈을 사로잡는다.

천동설 원리에 따른 칼레다움과
계절을 가르치는 플라네타륨이라는
상하 두 개의 큰 원형으로 이루어져 있다.

분分과 분粉을 모르고 사는 사람을
신의 이름으로 심판하고
정시마다 태초의 시간처럼 시작하는 시계.

영겁회귀 같은 두 개의 원형의 심판을 보려
사람들은 십분 전 오 분 전부터 광장에 서 있다.

성냥개비처럼 서 있는 사람들은
톱니바퀴처럼 돌아가는 천문시계를 보면서

남은 삶을 생각하는지,
원형의 꼭대기에 있는 닭의 울음에
눈과 귀를 맞춘다.

까를교*

스메타나의 선율이
물결로 흐르는 시간의 통로,

거리의 악사, 화가,
조가비 같은 노점을 구경하는 사람들을
비껴가다 보면
성자와 성인의 숨결 속으로 들어간다.

네포무크*의 동상과
몇몇 부조를 만지며 소원도 빌지만
보는 만큼
시간이 촉각처럼 만져진다.

프라하에서 가장 오래된,
풍경이 걸어 다니는,
지난밤엔 달을 품고 숨 쉬던 다리.

〉

내 나이 건너는 어디쯤
까를교를 들여놓고
하늘을 바치고 있는
성비투스 대성당*으로 건너가리다.

* 카를교 : 체코에서 가장 오래 된 다리.
* 스메타나 : 체코의 작곡가로 몰다우 강을 작곡함.
* 네포무크 : 체코에서 가장 추앙받는 대주교.
* 성비투스 대성당 : 프라하를 대표하는 성당.

토끼풀 틈에

세 잎 네 잎
오종종 토끼풀 틈에
개망초, 흔들리며 피고,

울퉁불퉁 개똥,
빗살 노란 개똥참외 꿈꾸고,

나는, 네 잎 찾으려
세 잎을 밟고,

폭염

봄부터
실핏줄 같은 코스모스에 눈을 맞춘다.

매미 울음이 스러지고
목백일홍 용트림이 잦아들어도
코스모스는 허리를 흔들 뿐 꽃을 내밀지 않는다.

왜 피우지 않냐고 주먹질하며 말을 붙여본다.

폭염에 서 있기만 해도 넘치는 일인데
당신은 시인이라며
시 한 편 썼냐고 묻는다.

귀가 순해지는 나이
이때만큼, 부끄러운 적이 없었다.

풀꽃문학관*

풀꽃문학관엔
나태주 시인이 산다.

나태주 시인은 「풀꽃」 시를 썼다.

자세히 봐야 예쁘다는
나태주문학관엔
오래 보면 사랑스러운 풀꽃이 피고 진다.

* 풀꽃문학관 : 나태주문학관.

풍월을 읊다

전생이 꽃이라며, 꽃 따라다닌
내 베갯머리 위에
종이 한 장이 놓여있네.

'꽃이 지겨워.
동백이 그립다고 동백섬을 가자네.
매화 보러 섬진강 가자네.
동천에 벚꽃 만개했다는데
둑길 개나리까지 나를 울리네.
아마도 여름, 가을꽃 불러가며
시인인 아내는 내 코를 뚫겠지.
아 꽃이 지겨워'[*]

시, 시, 시 하는 아내 옆에 있더니,
삼 년만에 풍월을 읊었네.

* 남편 지음.

힐링

길고양이에게
밥을 주면
꼬리를 치켜들고
까마중 익어가듯 나를 보네.

뒤란의 응달이
여드름처럼 부풀어 오르더니,
내게로 오는 걸음마다
노란 꽃을 피워 놓네.

노란 꽃을 받치고 있는
연푸른 잎을 들여다보니,
곰살스럽게 돌려 붙은 하트
누수된 마음을 겹겹이 포옹하네.

물기 오른 행복이
땅줄기 따라 번지는 봄날,

고양이 발을 어루만지며
눈물 반짝이는 밥을 준다.

그 초록의 여자

 한 통의 전화가 왔다. 십오륙 년 전 읍내 고등학교에 근무할 때 소독 냄새 키우며 혼자 사는 마흔의 여자였다. 혼자도 불편하여 사금파리 모를 세운 그 여자. 온몸 보푸라기 일어난 그 여자에게는 분홍이라든가 노랑이라 불리는 색이 없었다. 검은 초록으로 비대해져 가는 게 마지막 모습이었는데 스물네 가지 물감통*을 가지고 산사로 오른다고 한다. 먼 길 돌아온 물이 나래 접고 쉬는 목소리다. 전족 같은 검은 초록에 배었을 그 여자의 도톰하게 오른 살에서 나는 검은 초록이 물결치며 분홍이 반짝이는 노랑 빛 광채 단청丹靑의 그 여자를 생각한다.

* 스물네 가지 물감통 : 단청물감의 개수.

꽃잎은 떨어져서 기도한다

손바닥 만한 햇빛 속에서
꽃이
떨어지고 있다

이끼 낀 모퉁이의 벽을 허물고
세상을 둥글게 하는 것이 소통이라며
귀를 세워
말을 가르쳐주던 꽃

온몸을 굴리며
톡,
톡,
톡,

따뜻한 손처럼 사랑하라며
꽃잎은 떨어져서 기도한다.

지음원知音園[*]

종옥, 복희가
산문山門을 여네.

솔바람 지즐거리고
초록구름 바름바름 머무는 곳,

걸음마다 꽃물인 산기슭 돌아
어둥둥 달 떠오르면,

허허청청 하여라.

거문고 출렁거리고
술항아리 익어가네.[*]

* 지음원知音園 : 순천시 용당동 산언저리에 있는 농원.

빗방울꽃

비가
나뭇잎에 빗방울.

피우고 지고
지고 피우는.

꽃받침도
꽃그늘도 없는.

저 맑은
저 둥긂으로.

반짝반짝,
빗방울꽃.

| 제4부 |

프라하 야경

까를교에서 프라하 궁을 본다.

와! 벌어진 입으로 빛이 들어온다.

연푸른빛이 온몸으로 부풀어 오른다.

말로만 듣던, 달을 품는 밤이다.

프라하 궁에는 달이 살고 있다.

하안거

간간이 빗방울이 두드리는,
거미줄 친 영혼.

햇살이 칸칸이 찾아들면

목탁을 부비는 연푸른 새소리
한여름 숲으로 익어가고,

달, 별빛이 지은 너와집.

목어 한 마리 꿈틀거리며
그늘이 그늘을 지우네.

흩어지면 더 빛나는 것들

민들레가 피고
별이 반짝이는 건
흩어지기 때문입니다.

향기나 소리도
흩어져서 살아 있는 겁니다.

흩어지면, 더 빛나는 것들이 있습니다.
외로우면 더 빛나는 것들이 있습니다.

당신도 그렇게 빛나고 있습니다.

한쪽으로
―순천만에서

구름도,
산도,
강물도, 한쪽으로
갈대도 자꾸 한쪽으로 흘러가고,

그 아래
저어새 한 마리
한쪽으로 흘러가는
꿈을 보고 있다.

햇살과 그늘

함께 태어나
함께 죽는
찡한,
징한,
동행입니다.

갠지즈강으로 가는 길에

대여섯 켤레 놓여있는,
신발 진열대에
죽은 개 한 마리 얹어있다.

망초 같은 배꼽에
붉은 꽃송이 몇 개 올려져 있다.

그 앞을 지나는 빈손
고이 접어서 나빌레라.*

삶과 죽음을 바라보는 내 눈이
그때처럼 고요한 적이 없었다.

* 고이 접어서 나빌레라 : 조지훈 「승무」에서 인용함.

벽

벽이
맞은편 벽에게
오늘도 발이 부었지?
미안해,
다가갈 수 없어서,

포로

돌멩이 하나,
땅에 박혀
솟을 수도
내려갈 수 없는 몸뚱이네

나도
옴짝달싹할 수 없었던
등뼈가 굽어지는 줄도 모르던
때가 있었네

한 시절을 저렇게 웅크리고
또 한 시절을 저렇게 구부리고
지금 허리 아프고 어깨가 쑤시는 건
그런 이유가 있었네

아파트 차단기

안녕하세요!
어제도 만났지요!
오늘은 무슨 일이 있는지 궁금하네요?
무슨 일이든,
어떤 일이든,
사방을 두루 살피시고 양보하시면
토끼풀밭에서 네 잎을 찾을 거예요
바쁘신데 말이 길었네요.
잠깐!!!!!!
한 가지 꼭 기억하세요.
제가 기다리고 있다는 것을요

동안에

하늘이

별을 박는 동안

내 몸은

초승달 심는다.

이름 하나 불러주면

봄까치꽃, 제비꽃,
　냉이꽃,
　세별꽃, 개꽃마리,

이름 불러주고 눈 맞추고
눈 맞추고 이름 불러주고

이름 하나, 하나로 넓어가는
봄의 지평,

훤하다

어느 봄날의 빈 잔

목련꽃 피면
술 한잔하자던 벗님

할미꽃 조등에
산벚이 꽃비를 내리네

영정에 두어 잔 올리고
멍—
빈 잔을 바라보네

본래,
오고 감은 없는 거라고
귀띔해주네

소엽풍란

9년 동안
돌덩이에서 좌선하고

다섯 쪽 갈라지는 폭 사이로
향을 뿜습니다.

허공이 달짝지근합니다.

공

이리저리
구르고, 던지고, 차라고 태어났습니다.

땅바닥에 내치면
바닥 치는 소리로 다시 튀어 오릅니다.

누군가에겐 놀이이고,
누군가에겐 눈물입니다

인연 따라 구르며,

쓰일 곳에 쓰이니
아무 문제 없습니다.

창작지원금

　예술인 창작지원금이 코로나로 점점이 있었다. 몰라서 신청을 못 했고 아니 더 쪼개서 말하면 내가 예술인이라는 말에서 비릿한 냄새가 났기 때문이다. 그렇게 두 해가 되었을 때 먹먹한 귀에 창작지원금이란 말이 귀에 쏙 들어와 앉는다. 창작지원금, 창작지원금, 창작지원금, 이명이 된다. 이명을 파내는 일은 신청하는 것이었다. 걸릴 듯 말 듯 통과한 후 시집을 내려는 시를 보니 이건 낚서도 아닌 깎지다. 낚시 바늘을 덥석 문 것이다. 입안의 멍이 온몸으로 퍼진다. 뱉을 수 없으니 물고 있다. 물고 있으면 누군가에겐 반찬이 될 시집 한 권쯤 나오겠지.

|해설|
편재遍在와 회귀回歸의 시학
― 최서연의 시세계

백인덕 | 시인

1.

 어떤 일의 '동기motivation'를 수행자에게 직접 묻거나 간접적으로 유추하는 행위는 이해를 지향하는 자연스러운 과정이라는 점에서 문제 될 소지가 전혀 없다. 오히려 곤란은 동기와 과정과 결과가 동일선상에서 같은 궤적을 가져야만 한다고 믿는 우리의 상식에서 비롯한다. 실제 우리의 일상은 우연에 의한 뜻밖의 사건들로 가득하지만, 자기 자신에게 집중하기 위하여 또는 타자로 구성된 세계로부터 존재를 보존하기 위해서 '자아'는 너무 쉽게 인과적 합리성이라는 거시 프레임frame에 개별 사건을 종속시키고 만다. 따라서 시작詩作의 계기契機를 묻는 작업은 시인이 작품의 표면에 노출했거나 행간에 은폐한 개별 사건의 고유성과 유일성을 밝혀내는, 즉 합리적 인과성이라는 더께를 걷어내고 그 보편성을 찾는 행위가 되어야 한다.

  최서연 시인은 이번 시집, 『흩어지면 더 빛나는 것들』에 수록된 작품 중에서 일부는 직접 구체적인 시작 계기를 밝히기도 하지만, 다른 일부에서는 시인의 지향을 명료하게 드러내기 위해 사건 자체를 도드라지게 서술하는 방식을 취한다.

    바하이사원에서
    숟가락질 오가는 식구와
    그믐달처럼 오가는 길고양이 안부를 빌고 나오니,
    지푸라기조차 먹지 못한 아이가
    손가락을 자기 입에 댔다 떼었다 한다.
    가방에서 사탕 하나를 꺼내주니
    온 얼굴이 하얀 이빨이다.
    먹구름 삼킨 듯 바라보는데
    소나기 왔다 가는 마음을 알아챘을까?
    불쌍하게 생각하지 말라는
    가이드의 먼 우레 치는 말을 듣는 중,
    가로수 밑에 연蓮처럼 놓여있는 난을 본다.
    흐린 안경을 닦으면서

내 보고 듣는 몸짓이
보시하는 난이었으면 하는 그날 이후
난의 살점이 되는 꿈을 꾸곤 한다.

―「난」 전문

  이 작품은 '바하이사원', '난' 등의 어휘를 통해 인도 여행 중의 일화를 계기로 했다는 것을 어렵지 않게 유추할 수 있다. 현재 우리 상황에서 인도 여행이 일상적 경험인가, 일탈에 가까운 특별한 일인가를 묻는 것은 무의미하다. 오히려, "지푸라기조차 먹지 못한 아이가/손가락을 자기 입에 댔다 떼었다"하는 수신호, 보디랭귀지body language를 시인이 금세 알아차리고 곧바로 반응했다는 사실이 더 중요하다. 아니, "불쌍하게 생각하지 말라는/가이드의 먼 우레 치는 말"을 듣는 것과 '그날' "내 보고 듣는 몸짓이/보시하는 난이었으면 하는" 바람을 갖게 되었다는 것과 '이후' "난의 살점이 되는 꿈을 꾸곤 한다."는 시적 술회를 더 깊이 생각해야 한다. '바하이사원'에서 '식구와 길고양이'의 안부를 빌고 나오던 작품 전반부의 자아와 자신의 '몸짓'이 "보시하는 난이었으면 하는 그날 이후"를 술회하는 후반부의 자아를 동일선상에 놓을 수는 없기 때문이다. 만약 차이가 있다면 그 질적 변화를 집약해 보여주는 것이 이번 시집일 수밖에 없기 때문이다.

짐작하건대, 인도 여행은 시인에게 어떤 계기가 되었음이 분명해 보인다. 시인은 다른 작품, 「갠지즈강으로 가는 길에」서 "대여섯 켤레 놓여있는,/신발 진열대에/죽은 개 한 마리 엎어있다.//망초 같은 배꼽에/붉은 꽃송이 몇 개 올려져 있"는 광경을 목도目睹했음을 밝힌다. 그리고 지금도 "삶과 죽음을 바라보는 내 눈이/그때처럼 고요한 적이 없었다."라고 믿는다. 보시하는 "난의 살점이 되는 꿈"을 꾸면서 고요하게 "삶과 죽음을 바라보는 눈"을 갖게 된 시인의 시 세계는 어떤 형상이고 이것을 구축構築하는 시인의 형식은 무엇인가. 이것이 이번 시집을 읽으며 던질 첫 번째이자 근원根源에 닿는 질문이다.

2.
비록 기록記錄으로서의 가치를 염두에 두지 않았다 할지라도, 써진 모든 글은 '정보'를 포함할 수밖에 없다. 시를 포함하여, 더욱이 활자화된 글은 운명처럼 하나의 초상肖像을 형성한다. 그것은 어휘에서 비롯하고, 행간에서 유추되기도 하고, 순전히 독자의 상상력에 의해 만들어지기도 한다. 다만, 이 초상은 시적 자아처럼 직접적이나 암시적으로 말을 하는 존재이기보다는 표면에 드러난 정보들이 흩어지거나 휘발揮發하는 것을 붙잡아 두는 일종의 걸쇠 역할에

머문다고 할 수 있다.

　최서연 시인은 "명예퇴직을 해도/30여 년의 습관을 버리지 못해/아침이면 시간에 맞춰 헬스를 나"(「덜덜이」)가는 성실함을 가졌고, "언제!/사과밭 걸으려나.//숏커트에 파마하지 않은/이순耳順"(「사과밭을 걷고 싶은 여자」)이 되었고, "푸른 소반에 밥을 꾹꾹 눌러 담는 이팝나무 아래 헌 신발짝처럼 엎드려 있다. 평생을 지켜주겠다며 콧소리 고명까지 얹어주던 밥그릇, 이제는 더이상 담지 못하게 되었다."(「이팝나무 아래에서-길고양이를 보내며」) 한탄하는 세칭, '캣맘'이다. 물론 이 외에도 아파트에 거주하며, 베란다에서 화분을 관리하고, 남편과 산책과 외출을 하고 등등의 정보를 추가할 수 있다. 하지만 이런 정보를 통해 시인에 대해, 나아가 시인의 시 세계에 대해서 우리가 이해할 수 있는 부분은 거의 없거나 극히 적다. 즉 '이해'를 위해서 오히려 해야 할 일은 과감하게 정보들을 폐기하거나 오독誤讀할 수 있는 자세다.

　　길고양이에게
　　밥을 주면
　　꼬리를 치켜들고
　　까마중 익어가듯 나를 보네.

뒤란의 응달이
여드름처럼 부풀어 오르더니,
내게로 오는 걸음마다
노란 꽃을 피워 놓네.

노란 꽃을 받치고 있는
연푸른 잎을 들여다보니,
곰살스럽게 돌려 붙은 하트
누수된 마음을 겹겹이 포옹하네.

물기 오른 행복이
땅줄기 따라 번지는 봄날,

고양이 발을 어루만지며
눈물 반짝이는 밥을 준다.

―「힐링」 전문

  이 작품은 제목을 통해 시적 지향의 방향을 그대로 드러낸다. '힐링healing'은 사전적 의미로 '치유'를 뜻한다. 하지만 이런 무거운 의미보다는 트렌디하게 '위로받음'의 의미로 광범위하게 사용되었다. 시인은 '길고양이'에게 밥을 주면서 "까마중 익어가듯" 자신을 보는 고양이의 '눈'을 바라본다. 어쩌면 첫 만남이었을지 모를 대면은 "뒤란의 응달이/

여드름처럼 부풀어 오르더니,/내게로 오는 걸음마다/노란 꽃을 피워 놓네."라는 수려秀麗한 이미지로 형상화되어 있다. 그 만남은 "물기 오른 행복이/땅줄기 따라 번지는 봄날"처럼 벅차다. 그러나 시인은 "고양이 발을 어루만지며/눈물 반짝이는 밥을" 줄 뿐이다. 여기서 '눈물 반짝이는 밥'은 앞에서 본 시인의 "난의 살점이 되는 꿈"과 부정 교합처럼 호응한다. 무엇이든 내어줄 수 있다는 자세는 '보시'라는 차원에서 나의 자세지만, 길고양이를 반려묘로 만드는 것은 타자의 존중이라는 측면에서 다른 차원의 문제를 야기惹起한다. 즉, 상대의 본성에 반하여 나의 의지대로 하는 행위는 진정한 의미의 '보시'가 아니다. 하루 내내 돌아다녔을 "고양이 발을 어루만지며/눈물 반짝이는 밥을" 주는 것이 어쩌면 시인의 하심下心의 최저선일지 모른다. 그러나 그 마음의 진정성은 다른 작품, 「이팝나무 아래에서-길고양이를 보내며」에 너무도 절절하게 잘 형상화되어 있다. "안반개안半開로 동공을 풀었다 조였다 하는 나비야? 길들인다는 것과 길들여진다는 것은 둘이 아니었다. "세월은 천지를 스치는 나그네 이참에 너도 하나 나도 하나가 되자구나. 이참에 송곳니 갈아보고 마늘 싹 같은 발톱도 내자구나"라는 탄식 아닌 탄식에는 '평생'을 약속한 후회와 "세월은 천지를 스치는 나그네"라는 당나라의 대시인 이백의 「춘야연도리원서春夜

宴桃李園序」를 차용借用해 강조한 긍정이 함께 들어있다.

주지의 사실이지만, 어둠이 있어야 빛이 더 빛나기도 하고 아픔을 인식할 수 있을 때만 치유와 위로의 참 의미를 생각하게 된다.

> 일찍이 모를 심었는데
> 도둑 같은 피가 더 잘 자라
> 소여물도 못 되는 지푸라기 되었다.
>
> 더위를 되새김질하던
> 참깨 꽃대는
> 쭉정이 털어놓고
> 모가지 부러져 불쏘시개 되었다.
>
> 텅 빈 들녘의 한숨은
> 새들이 다 먹었을까
> 맴도는 부리가 유독 까만
> 오늘.
>
> ―「들녘에 서서」 부분

시인은 부풀었던 기대 혹은 약속이 무참히 꺾이거나 배반당하는 상황을 '들녘'에서 본다. '벼'를 심었는데 '피'가 가득한 논과 알보다 쭉정이가 많은 '참깨', 그리고 그 모든 불행을 상징하는 "부리가 유독 까만" 새들만 선회하는 '오늘'을 본다.

하지만 시인은 천상 '희망'의 전령사라 할 수밖에 없다. "흙살 품은 몇 톨의 씨앗/잎망울 자루에 넣고/숨 한 번 훅 불어 넣는" 행위에서는 좌절보다 다시 해보자는 도전이 느껴지기 때문이다. 몇 편 안 되지만 가족을 주제로 한 작품 중에서 「우리 엄마」의 "머리에 쓰신 수건은/집안 곳곳의 숨소리였음을/흰머리 듬성듬성한 이제,/엄마의 잔기침 소리를 듣습니다."라는 고백은 시인이 좌절이나 어둠에 갇혀 있을 틈이 없음을 여실히 반증한다. 그뿐만 아니라, 「불자시인」에서는 "귀 뚫린 이후 처음 듣는/'화안시' 시제는/환하게 웃는 보시란다."라며 '화안시'라는 새로운 정보를 알려주기도 하고, "시에 숨구멍이 있네./체온이 꽃대처럼 오르네 하며/귀 넓어지는" 세월의 시인을 긍정하는 모습을 보여주기도 한다.

최서연 시인은 징후에 민감하지만, 한 지점이나 사태에 시적 지향을 묶어두기보다는 넓게 퍼지면서 저절로 스며드는 방식으로 자신만의 시 세계를 구축하고자 한다.

민들레가 피고
별이 반짝이는 건
흩어지기 때문입니다.

향기나 소리도
흩어져서 살아 있는 겁니다.

흩어지면, 더 빛나는 것들이 있습니다.
외로우면, 더 빛나는 것들이 있습니다.

당신도 그렇게 빛나고 있습니다.
―「흩어지면 더 빛나는 것들」 전문

 표제작인 이 작품은 이번 시집이 지향하는 두 층위 중에서 근간이라 할 수 있는 첫 번째 층위를 함축적으로 보여준다. 마치 예열豫熱하듯 시인은 「풀꽃문학관」에서 "자세히 봐야 예쁘다는/나태주문학관엔/오래 보면 사랑스러운 풀꽃이 피고 진다."라는 것을 보았고, 이제 자신의 작품을 통해 '민들레'가 피는 이유와 '별'이 반짝이는 이유에 관해 나름의 시적 인식, 혹은 경지境地를 술회한다. 그 이유는 흩어질 수 있다는 것이다. 아니, 나아가 흩어진다는 것이 조각나는 것이 아니라 개별 존재가 스스로 자기 고유성으로 빛날 수 있다는 것이다. 시인은 이렇게 스스로 고유한 자기 존재가 되어 빛나는 과정을 자연에 비유한다. "우수가 지나고/경칩,//강아지 쿵쿵한 자리가/궁금한/햇살, 바람,//며칠 놀다

가더니//봄까치꽃, 민들레, 냉이,/옹알이한다."(「3월」)라는 것인데, 토양의 각종 미네랄에 수분에 햇살과 바람이면 '꽃' 피울 만하지 않은가. 아니, 시인은 희망의 편재성遍在性을 형상화한다.

3.
　최서연 시인의 이번 시집, 『흩어지면 더 빛나는 것들』에서 주목해야 할 다른 하나는 시작詩作에 대한 솔직 담백하면서도 함축된 의미를 생각하게 하는 여러 작품이다. 시작에 임하면서 그 어떤 빛나는 인식이나 표현의 성취를 드러내기 이전에 자기 성찰의 결과를 나름의 방식으로 형상화할 수 있다면 두말할 나위 없이 그 지향은 저절로 빛나게 될 것이다.

　　장미가 담장 흘러내릴 즈음이면
　　시 하나 써질까.

　　입술 같은 이파리가
　　고요로 무성해지면 써질까.

　　아니, 햇살 모시던 휘추리가 눈꽃 받들 즈음이면
　　못다 쓴 시 다 쓰겠지.

즈음, 즈음하다
침침한 머릿속, 하루살이 떼처럼 엉클어지네.

"우물쭈물하다 나 이렇게 될 줄 알았네
  　　　　　　　　　　　－「시 하나 써질까」 전문

　인용한 작품은 시를 쓰는 과정을 시로 옮긴 것이 아니다. 우리가 일반적으로 받아들이는 '시'라는 것이 '완성된 형태의 작품work'이기 때문에 한때 포스트모던의 기치 아래 시를 쓰는 과정을 그대로 필사해서 뛰어난 '시'라고 칭송되던 시절이 있었다. 이 작품은 전혀 궤를 달리해서 "시 하나 써질까"라는 의문을 통해 "시를 써야 한다"는 자성적 책무를 반어irony적으로 드러낸다. 그래서 "우물쭈물하다 나 이렇게 될 줄 알았네"라는 아일랜드 극작가 버나드 쇼의 말을 표면에 인용할 수도 있었다. 시, 그러니까 시작에 관한 시인의 자세는 거의 반어적인 형식을 통해 드러난다.

시집 낸다고
광대꽃, 봄까치꽃을 뻥튀기로 날아다니는데
겨울숲에서 빠져나온 목련
시詩 자字를 써보라 한다.

갸웃거리며 쓰는데

언들이 마馬가 되어 도망가고
사寺는 촌寸이 되다 뭉개지고
좀처럼 씌어지지 않는다.

꿈이었으면
꿈이었으면
끈적이는 헛바닥으로
마馬와 촌寸을 되뇌니,

딱딱하게 쪼그려 앉은 개똥이
혀를 차며

내 그럴 줄 알았다.
― 「꼴랑꼴랑」 전문

 그렇지 않은가, 사실 자연은 특별한 의도나 계획이 있어서 때를 맞춰 잎이 지고, 꽃이 피고, 꽃 지고 열매 맺는다고 인식하기 어렵다. 본성에 따르거나 어쩌면 아직 우리가 알지 못하는 '때'를 파악하는 더 섬세한 수단이 있을지도 모른다. 설마 하지만 "시집 낸다고/광대꽃, 봄까치꽃을 뻥튀기로 날아다는데" 하여간 바삐 소문을 옮겼는데 정작 '목련'이 "시詩 자字를 써보라 한다" 필자 혼자 '식물 우화寓話'적 상황이라 정의하고 그 수법이 겨냥한 바 그대로 실소失笑를 머금게 된다. 한자로 '시詩'를 잘 쓰는 게 실제 작품 창작과 무슨 상관이란 말인가. 시인은 다른 작품, 「시와 반려견」에서도 앞의 작품과 유사한 정황情況을 보여준다. 시인은 "시 쓰는 일이 무덤이라 했던/시인을 생각하며" 반려견을 데리고 산책을 나간다. 거기서 "싸고, 눟고,/쫑긋거리며 늘어진 혀를 보노라면/반려견이 시를 쓰는 것 같아/살구꽃 발자국에 둥글게 몸을 모은다" 즉, 시인은 살아가는 모든 행위가 '시'를 쓰는 것과 같은데, '무덤'을 향해 왜 시를 쓰느냐고 되묻고 있다. 이렇게 보면 시에 대한 시인의 반어와 우화는 모두 자신의 시작과 시적 지향을 드러내기 위한 방법적 선택이었던 셈이다.

    산 앞에 나무
    나무 앞에 개천
    개천 앞에 달맞이꽃
    달맞이꽃 앞에
    팽팽한 햇살을 튕겨 오르는 까치 소리
    팽팽한 햇살을 튕겨 오르는 까치 소리 앞에
    사각유리창
    사각유리창 앞에
    달항아리와 화분
    달항아리와 화분 앞에
    책상, 연필, 원고지

책상, 연필, 원고지 앞에 나
나 앞에
쓰다가 죽으라던 말라르메의
숨 쉬는 시들,
모처럼 오늘 나는 시로 숨 쉬고 있다.
모든 배경은 시다.
─「모든 배경은 시다」 전문

  시인은 작품에서 '~앞에"를 나열하지만, 결국 앞이란 뒤로 물러선 것들에 의해 형성되는 대비적 개념이라는 시적 인식을 보여준다. 여기에 "쓰다가 죽으라던 말라르메"가 소환되고, 시인은 "모처럼 오늘 나는 시로 숨 쉬고 있다"라고 고백한다. 이번 시집을 계기로 '쓰다가 죽기' 전까지 시로 호흡하는 날들을 지속하길 기대한다.